كيفَ أرسم

الديناصوراتِ

دار جامعة حمد بن خليفة للنشر
HAMAD BIN KHALIFA UNIVERSITY PRESS

التيرانوصور (تي ركس)

الخطوة ① ② ③ ④

هو ديناصور ضخم آكل للحوم. يتميّز بذراعيه القصيرتين، لدرجة أنهما لا تصلان إلى فمه.

① ارسم شكل كمثرى للرأس. وارسم دائرةً للجسم، وشكلين بيضويين للقدمين. ثم ارسم خطوطًا للأطراف والجسم والذيل.

② ارسم الفم، حدِّد الجسم والأطراف والذيل بخطوط منحنية.

3. ارسم العين والأنف واللسان وتفاصيل الوجه. ثم امحُ الخطوط غير الضرورية (المحدَّدة باللون الأحمر).

4. ظلِّل حدقة العين، وارسم الأسنان. ثم ارسم خطوطًا لقائمتيه والبقع الموجودة على جسمه.

الآن، لوّن ما رسمته بعناية.

الاستيغوصور

الخطوة 1 2 3 4

ديناصور نباتي، يأكل الخضار والفاكهة فقط. وهو من أوائل الديناصورات التي لها وجنتان.

1. ارسم دوائر للرأس والجسم والأطراف. ثم ارسم خطوطًا للرقبة والأطراف والجسم والذيل.

2. ارسم الفم والرقبة والجسم والذيل والأطراف بخطوط منحنية.

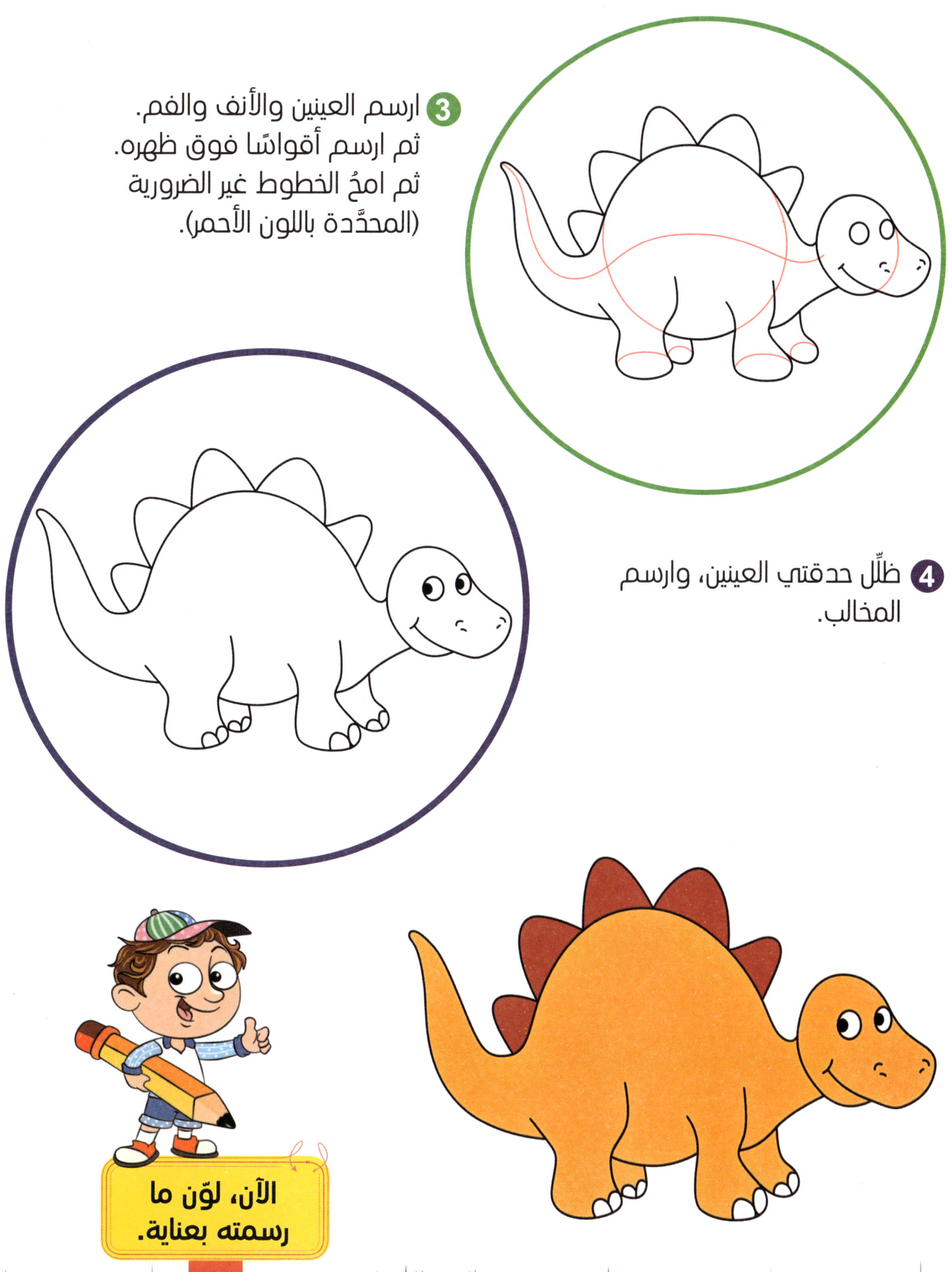

❸ ارسم العينين والأنف والفم. ثم ارسم أقواسًا فوق ظهره. ثم امحُ الخطوط غير الضرورية (المحدَّدة باللون الأحمر).

❹ ظلِّل حدقتي العينين، وارسم المخالب.

الآن، لوّن ما رسمته بعناية.

الألوصور

الخطوة 1 2 3 4

إنه الديناصور الذي يستبدل أسنانه بصفة دائمة. له جمجمة ضخمة، ولكن قضمته أضعف من التماسيح والأسود والنمور.

1 ارسم دائرة صغيرة، يلتصق بها عن اليمين مربع بزوايا دائرية لتشكيل الرأس. وارسم شكلًا بيضويًا لتشكيل جسمه، واثنين آخرين لقدميه. وارسم خطوطًا لرقبته وجسمه وذيله.

2 ارسم عينه وفمه ورقبته وجسمه وأطرافه وذيله.

3 ارسم الأنف. ثم امحُ الخطوط غير الضرورية (المحدَّدة باللون الأحمر).

4 ظلِّل حدقة العين، وارسم أسنانه. ثم ارسم خطوطًا لأصابعه والبقع الموجودة على جسمه.

الأنكيلوصور

الخطوة ① ② ③ ④

يتميَّز بالدرع السميك المسنَّن فوق رأسه وظهره، وذيل يشبه الهراوة. إنه يشبه المقاتلين القدماء.

① ارسم دائرة صغيرة، تلتصق بها عن اليمين شبه دائرة لتشكيل الرأس. وعن يسارها دائرة أخرى كبيرة للجسم، وأشكال بيضوية للأصابع. ثم ارسم خطوطًا للجسم والذيل والأطراف.

② ارسم الذيل ومثلَّثات على الجسم والرأس. وارسم فمه والأطراف الضخمة.

3 ارسم العين. ثم امحُ الخطوط غير الضرورية (المحدَّدة باللون الأحمر).

4 ظلِّل حدقة العين، وارسم الحاجب والأنف. ثم ارسم خطوطًا لأطرافه وبقعًا على رأسه.

البراكيوصور

الخطوة 1 2 3 4

من أطول الديناصورات عمرًا، فقد كان يعيش حتى يبلغ المئة من العمر.

1 ارسم دائرة وشكلًا بيضويًا للرأس والجسم. ثم ارسم خطوطًا للرقبة والجسم والأطراف والذيل.

2 ارسم الفم والرقبة والجسم والذيل والأطراف.

3 ارسم العينين والأنف والفم.
ثم امحُ الخطوط غير الضرورية
(المحدَّدة باللون الأحمر).

4 ثم ارسم البقع المنتشرة
على ظهره، وارسم صابعه.

الديبلودوكس

الخطوة ① ② ③ ④

يشبه البراكيوصور، ولكنه كان يعيش أطول من مئة عام. أطرافه الأمامية أطول من الخلفية.

① ارسم شكلًا بيضويًا كبيرًا للجسم، و4 للأصابع، وارسم دائرة بداخلها شكل بيضوي للرأس والفم. ثم ارسم خطوطًا للرقبة والجسم والأطراف والذيل.

② ارسم الرقبة والجسم والأطراف والذيل.

3 ارسم العينين والفم. ثم امحُ الخطوط غير الضرورية (المحدَّدة باللون الأحمر).

4 ظلِّل حدقتي العينين، وضع نقطتين للأنف. وارسم الشكل الموجود على جسمه وأصابعه.

الأوفيرابتور

الخطوة ① ② ③ ④

يتغذى على اللحم والنبات معًا. تنحدر منه سلالات الطيور.

① ارسم دائرة وشكلًا بيضويًا للرأس والجسم. وارسم مثلَّثين بزوايا دائرية للأصابع. وارسم خطوطًا للفم والرقبة والأطراف والجسم والذيل.

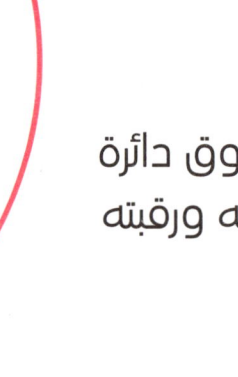

② ارسم مثلثًا بزوايا دائرية فوق دائرة الرأس. وارسم أنفه وفمه ورقبته وأطرافه وذيله.

3 ارسم العينين والأسنان. ثم امحُ الخطوط غير الضرورية (المحدَّدة باللون الأحمر).

4 ظلِّل حدقتي العينين، وضع نقطتين للأنف. وارسم بقعًا على الجسم.

الباراصورولوفوس

الخطوة 1 2 3 4

رأسه يشبه رأس البطة. ولا تتوقف أسنانه عن النموّ طوال حياته.

① ارسم دائرة وشكلًا بيضويًا للرأس والفم. وارسم دوائر للأطراف والجسم. وارسم شكلين بيضويين للأصابع وخطوطًا للعُرف والرقبة والأطراف والجسم والذيل.

② ارسم العُرف والأنف والفم. ثم ارسم الرقبة والأطراف والجسم والذيل.

3 ارسم العينين والأنف والفم واللسان. ثم امحُ الخطوط غير الضرورية (المحدَّدة باللون الأحمر).

4 ظلِّل حدقتي العينين وبشرة الجلد الموجودة خلف الرقبة. وارسم خطوطًا للقدمين.

الآن، لوّن ما رسمته بعناية.

البروتوسيراتوبس

الخطوة 1 2 3 4

هو ديناصور آكل للنبات. له فكّان قويّان، وكان يعيش وسط القطعان.

1. ارسم دائرتين للرأس والوجه. وارسم أشكالًا بيضوية للجسم والأطراف. ثم ارسم خطوطًا للأطراف والذيل.

2. ارسم الأشكال الأخرى الخاصة بالأنف والفم. وارسم الذيل والأطراف.

3. ارسم العينين والأنف والفم. ثم ارسم الجزء العلوي من الرأس. ثم امحُ الخطوط غير الضرورية (المحدَّدة باللون الأحمر).

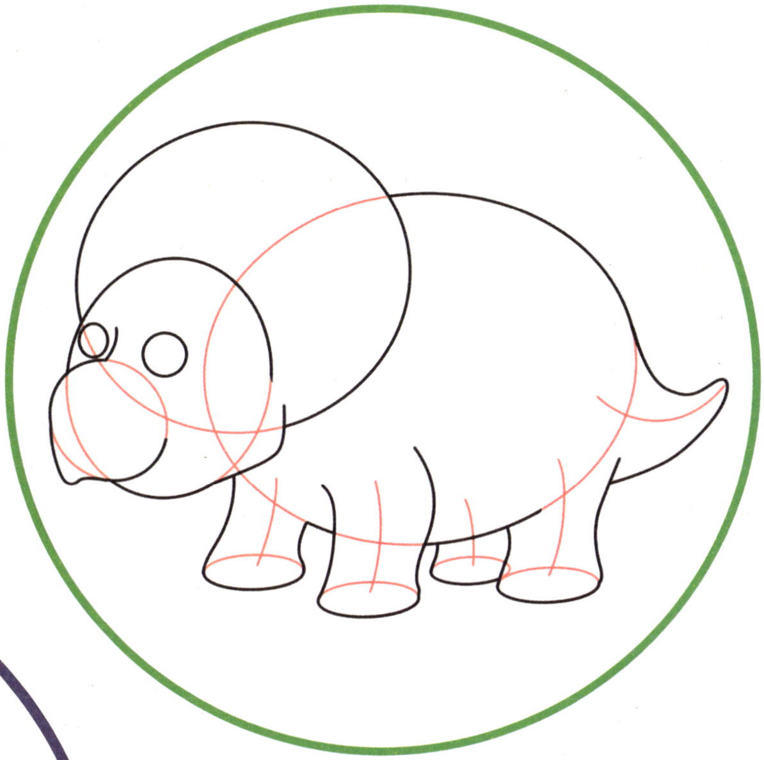

4. ظلِّل حدقتي العينين، وضع نقطةً للأنف. ثم ارسم الأصابع والبقع الموجودة على الظهر.

الآن، لوّن ما رسمته بعناية.

البتيروداكتيلوس

الخطوة 1 2 3 4

من عائلة التيروصورات. له جناحان كبيران.

1 ارسم دائرة على جانبيها مثلَّثان للرأس والفم. ثم ارسم شكلًا بيضويًا للجسم وخطوطًا للجناحين والرجلين والذيل.

2 ارسم الرأس والفم. وارسم الرقبة والجناحين والجسم والرجلين والذيل.

3 ارسم العينين والأنف والفم.
ثم امحُ الخطوط غير الضرورية
(المحدَّدة باللون الأحمر).

4 ظلِّل حدقتي العينين وباقي
التفاصيل اللازمة.

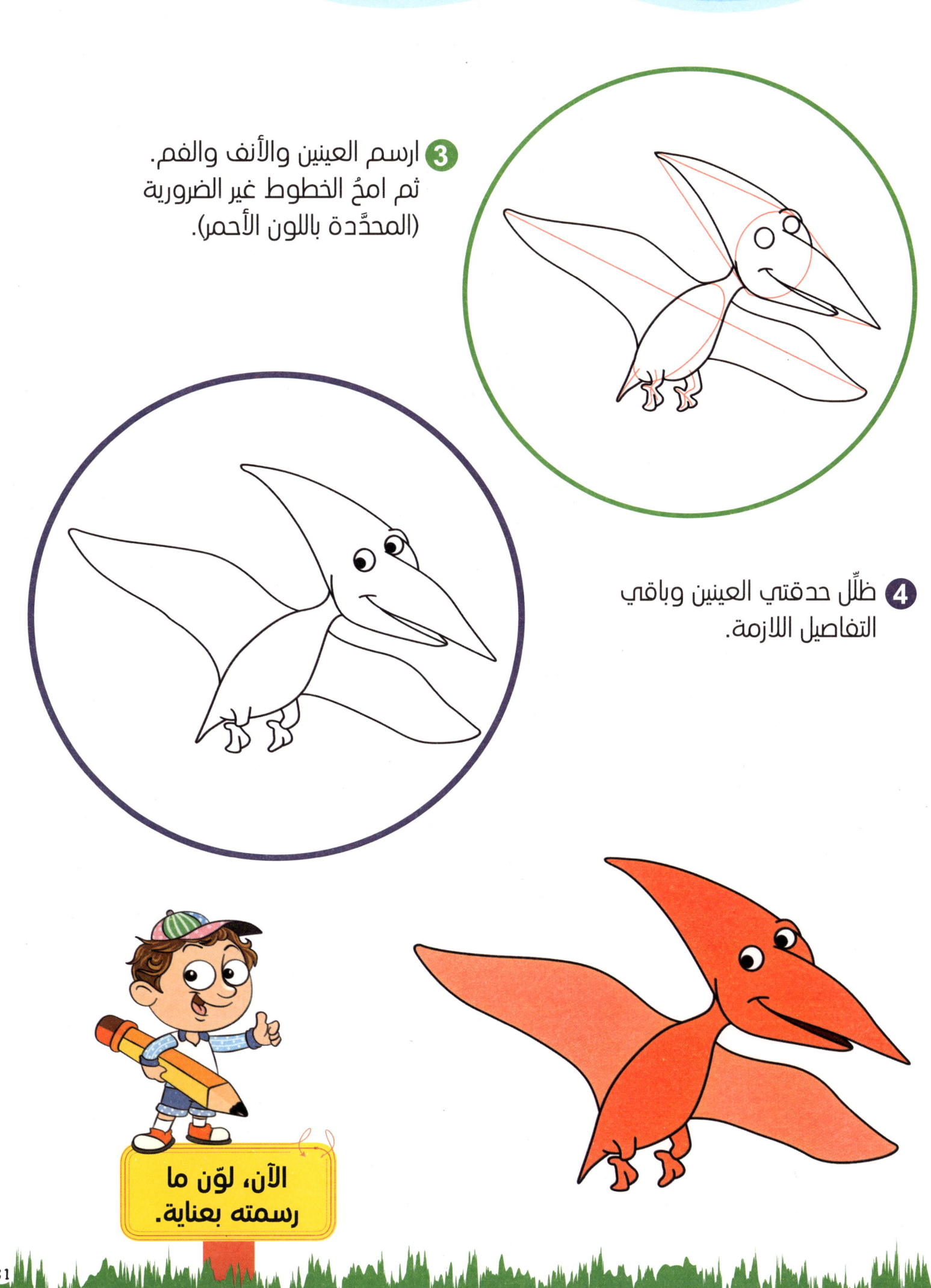

الكويتزالكوتلس

الخطوة 1 2 3 4

من ذوات الدم البارد. حركته أقرب للانزلاق منها للطيران.

1 ارسم أشكالًا بيضوية للجسم والقدمين. وارسم دائرتين للرأس وخطوطًا للرقبة والوجه والجناحين والساقين.

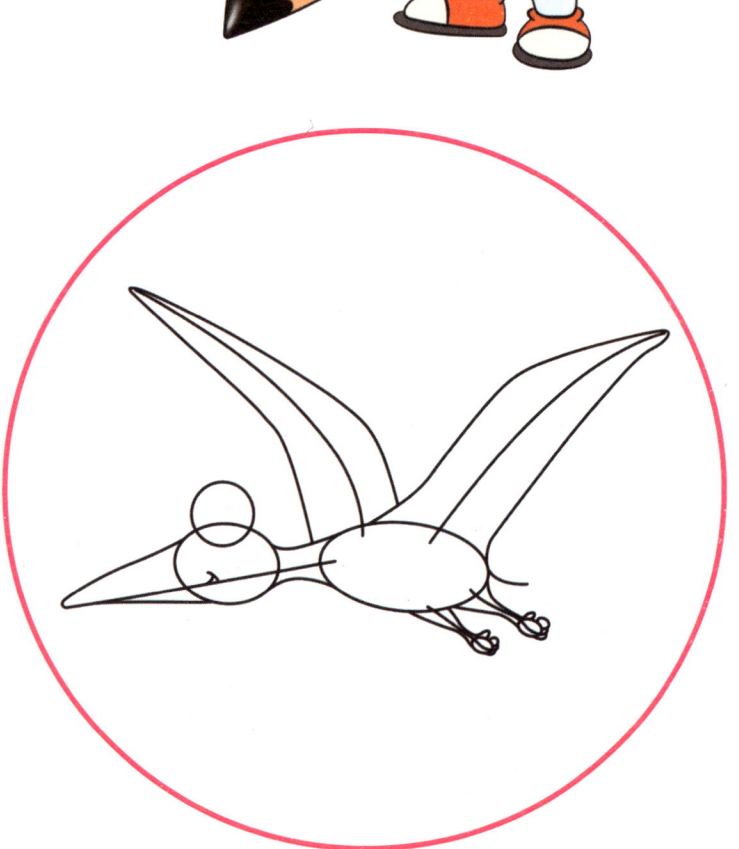

2 ارسم خطًا للذيل. ثم ارسم جناحيه ورقبته وأجزاء رأسه.

❸ ارسم الذيل والعين والفم والجزء العلوي من الرأس. ثم امحُ الخطوط غير الضرورية (المحدَّدة باللون الأحمر).

❹ ظلِّل حدقتي العينين. وارسم تفاصيل الأنف. وارسم الأشكال الموجودة على جسمه ورأسه.

الآن، لوِّن ما رسمته بعناية.

الاسبينوصور

الخطوة 1 2 3 4

هو أضخم الديناصورات الآكلة للحوم، وأوّل ديناصور سبح في الماء.

1. ارسم دائرتين للرأس والجسم. وارسم شكلين بيضويين تحتهما، ومثلَّثًا ذا زوايا دائرية على يسار دائرة رأسه. وارسم خطوطًا للرقبة والأطراف والجسم والذيل.

2. ارسم فمه ورقبته وأطرافه وجسمه وذيله.

3 ارسم العين والظهر. ثم امحُ الخطوط غير الضرورية (المحدَّدة باللون الأحمر).

4 ظلِّل حدقة العين، وارسم تفاصيل الأنف. ثم ارسم الأسنان وخطوطًا للأصابع والأشكال الموجودة على جسمه.

الترودون

الخطوة ① ② ③ ④

يتميَّز بدماغه الأضخم من بين سائر الديناصورات. ويشبه رأسه رأس الطيور.

① ارسم دائرتين للرأس والجسم. وارسم شكلين بيضويين في الأسفل، ومثلَّثًا ذا زوايا دائرية على يمين دائرة الرأس للفم، وارسم خطوطًا للرقبة والأطراف والجسم والذيل.

② ارسم العين والرقبة والجسم والذيل والأطراف.

3 ارسم الأسنان والمخالب. ثم امحُ الخطوط غير الضرورية (المحدَّدة باللون الأحمر).

4 ظلِّل حدقة العين، وارسم تفاصيل الأنف. ثم ارسم خطوطًا للمخالب، ومثلَّثات على طول ظهره وذيله.

الفيلوسيرابتور

يمتلك ريشًا بدل قشور الزواحف، وحجمه يعادل حجم ديك الدجاج.

الخطوة ① ② ③ ④

① ارسم دائرتين للرأس والجسم. ثم ارسم خطوطًا للفم والرقبة والجناحين والأطراف والذيل.

② ارسم الرأس والفم. وارسم الرقبة والجناحين والذيل والأطراف.

3. ارسم الجزء العلوي من رأسه وعينه. ثم ارسم لسانه وتفاصيل جناحيه. ثم امحُ الخطوط غير الضرورية (المحدَّدة باللون الأحمر).

4. ظلِّل حدقة العين، وارسم خطوطًا للمخالب.

الآن، لوّن ما رسمته بعناية.

الأرماغاصور

الخطوة 1 2 3 4

هو ديناصور ضخم آكل للنبات. وهو الديناصور الوحيد الذي يحمل سنامين على ظهره.

① ارسم أشكالًا بيضوية للرأس والجسم والقوائم. ثم ارسم خطوطًا للرقبة والجسم والذيل.

② ارسم الرأس والفم والرقبة والجسم والسنامين والأطراف والذيل.

3 ارسم العينين والأنف واللسان والأصابع. ثم امحُ الخطوط غير الضرورية (المحدَّدة باللون الأحمر).

4 ظلِّل حدقتي العينين، وارسم الأشكال الموجودة على الجسم.

اختبار حول الديناصورات

الخطوة ① ② ③ ④

1. ما هو الديناصور الذي يخلع أسنانه ويستبدلها؟
   _____

2. من أي أنواع الديناصورات تنحدر سلالات الطيور؟
   _____

3. ما هو الديناصور الذي يعادل حجم الديك؟
   _____

4. ما هو أطول الديناصورات حياةً؟
   _____

5. ما هو الديناصور الذي يعدُّ من أوائل الديناصورات ذات الوجنتين؟
   _____

6. ما هو أوَّل ديناصور يسبح في الماء؟
   _____

7. ما هو الديناصور الذي اسمه الدارج هو البتروداكتيل؟
   _____

8. ما هو الديناصور ذو الدماغ الأضخم من بين سائر الديناصورات؟
   _____

9. ما هو الديناصور الذي له سنامان؟
   _____

10. ما هو الديناصور الذي تعتبر حركته أقرب للانزلاق منها للطيران؟
    _____

11. ما هو الديناصور الذي يشبه رأسه البطَّة؟
    _____

12. ما هو الديناصور الذي كان يعيش وسط القطعان؟
    _____

13. ما هو الديناصور الذي يأكل النبات فقط؟
    _____

14. ما هو الديناصور الذي يشبه ذيله الهراوة؟
    _____

15. ما هو الديناصور صاحب الذراعين الأماميين القصيرين؟
    _____